Website: _____
Username: _____
Password: _____
Notes: _____
_____
_____
_____

Website: _____
Username: _____
Password: _____
Notes: _____
_____
_____
_____

Website: _____
Username: _____
Password: _____
Notes: _____
_____
_____
_____

Website: _____
Username: _____
Password: _____
Notes: _____
_____
_____
_____

Website: _____
Username: _____
Password: _____
Notes: _____
_____
_____
_____

Website: _____
Username: _____
Password: _____
Notes: _____
_____
_____
_____

Website: _____
Username: _____
Password: _____
Notes: _____
_____
_____
_____

Website: _____
Username: _____
Password: _____
Notes: _____
_____
_____

Website: _____
Username: _____
Password: _____
Notes: _____
_____
_____
_____

Website: _____
Username: _____
Password: _____
Notes: _____
_____
_____
_____

Website: _____
Username: _____
Password: _____
Notes: _____
_____
_____
_____

Website: _____
Username: _____
Password: _____
Notes: _____
_____
_____
_____

Website: _____

Username: _____

Password: _____

Notes: _____

_____

_____

_____

Website: _____

Username: _____

Password: _____

Notes: _____

_____

_____

_____

Website: _____

Username: _____

Password: _____

Notes: _____

_____

_____

_____

Website: _____

Username: _____

Password: _____

Notes: _____

_____

_____

_____

Website: _____

Username: _____

Password: _____

Notes: _____

_____

_____

_____

Website: _____

Username: _____

Password: _____

Notes: _____

_____

_____

_____

Website: _____

Username: _____

Password: _____

Notes: _____

_____

_____

_____

Website: _____

Username: _____

Password: _____

Notes: _____

_____

_____

Website: _____
Username: _____
Password: _____
Notes: _____
_____
_____
_____

Website: _____
Username: _____
Password: _____
Notes: _____
_____
_____
_____

Website: _____
Username: _____
Password: _____
Notes: _____
_____
_____
_____

Website: _____
Username: _____
Password: _____
Notes: _____
_____
_____
_____

Website: _____

Username: _____

Password: _____

Notes: _____

_____

_____

_____

Website: _____

Username: _____

Password: _____

Notes: _____

_____

_____

_____

Website: _____

Username: _____

Password: _____

Notes: _____

_____

_____

_____

Website: _____

Username: _____

Password: _____

Notes: _____

_____

_____

_____

Website: _____
Username: _____
Password: _____
Notes: _____
_____
_____
_____

Website: _____
Username: _____
Password: _____
Notes: _____
_____
_____
_____

Website: _____
Username: _____
Password: _____
Notes: _____
_____
_____
_____

Website: _____
Username: _____
Password: _____
Notes: _____
_____
_____
_____

Website: _____
Username: _____
Password: _____
Notes: _____
_____
_____
_____

Website: _____
Username: _____
Password: _____
Notes: _____
_____
_____
_____

Website: _____
Username: _____
Password: _____
Notes: _____
_____
_____
_____

Website: _____
Username: _____
Password: _____
Notes: _____
_____
_____
_____

Website: _____
Username: _____
Password: _____
Notes: _____
_____
_____
_____

Website: _____
Username: _____
Password: _____
Notes: _____
_____
_____
_____

Website: _____
Username: _____
Password: _____
Notes: _____
_____
_____
_____

Website: _____
Username: _____
Password: _____
Notes: _____
_____
_____
_____

Website: _____
Username: _____
Password: _____
Notes: _____
_____
_____
_____

Website: _____
Username: _____
Password: _____
Notes: _____
_____
_____
_____

Website: _____
Username: _____
Password: _____
Notes: _____
_____
_____
_____

Website: _____
Username: _____
Password: _____
Notes: _____
_____
_____
_____

Website: _____

Username: _____

Password: _____

Notes: _____

_____

_____

_____

Website: _____

Username: _____

Password: _____

Notes: _____

_____

_____

_____

Website: _____

Username: _____

Password: _____

Notes: _____

_____

_____

_____

Website: _____

Username: _____

Password: _____

Notes: _____

_____

_____

_____

Website: _____

Username: _____

Password: _____

Notes: _____

_____

_____

_____

Website: _____

Username: _____

Password: _____

Notes: _____

_____

_____

_____

Website: _____

Username: _____

Password: _____

Notes: _____

_____

_____

_____

Website: _____

Username: _____

Password: _____

Notes: _____

_____

_____

_____

Website: _____

Username: _____

Password: _____

Notes: _____

_____

_____

_____

Website: _____

Username: _____

Password: _____

Notes: _____

_____

_____

_____

Website: _____

Username: _____

Password: _____

Notes: _____

_____

_____

_____

Website: _____

Username: _____

Password: _____

Notes: _____

_____

_____

_____

Website: _____

Username: _____

Password: _____

Notes: _____

_____

_____

_____

Website: _____

Username: _____

Password: _____

Notes: _____

_____

_____

_____

Website: _____

Username: _____

Password: _____

Notes: _____

_____

_____

_____

Website: _____

Username: _____

Password: _____

Notes: _____

_____

_____

_____

Website: _____
Username: _____
Password: _____
Notes: _____
_____
_____
_____

Website: _____
Username: _____
Password: _____
Notes: _____
_____
_____
_____

Website: _____
Username: _____
Password: _____
Notes: _____
_____
_____
_____

Website: _____
Username: _____
Password: _____
Notes: _____
_____
_____
_____

Website: _____
Username: _____
Password: _____
Notes: _____
_____
_____
_____

Website: _____
Username: _____
Password: _____
Notes: _____
_____
_____
_____

Website: _____
Username: _____
Password: _____
Notes: _____
_____
_____
_____

Website: _____
Username: _____
Password: _____
Notes: _____
_____
_____
_____

Website: _____
Username: _____
Password: _____
Notes: _____
_____
_____

Website: _____
Username: _____
Password: _____
Notes: _____
_____
_____

Website: _____
Username: _____
Password: _____
Notes: _____
_____
_____

Website: _____
Username: _____
Password: _____
Notes: _____
_____
_____

Website: _____

Username: _____

Password: _____

Notes: _____

_____

_____

_____

Website: _____

Username: _____

Password: _____

Notes: _____

_____

_____

_____

Website: _____

Username: _____

Password: _____

Notes: _____

_____

_____

_____

Website: _____

Username: _____

Password: _____

Notes: _____

_____

_____

_____

Website: _____
Username: _____
Password: _____
Notes: _____
_____
_____
_____

Website: _____
Username: _____
Password: _____
Notes: _____
_____
_____
_____

Website: _____
Username: _____
Password: _____
Notes: _____
_____
_____
_____

Website: _____
Username: _____
Password: _____
Notes: _____
_____
_____
_____

Website: _____
Username: _____
Password: _____
Notes: _____
_____
_____
_____

Website: _____
Username: _____
Password: _____
Notes: _____
_____
_____
_____

Website: _____
Username: _____
Password: _____
Notes: _____
_____
_____
_____

Website: _____
Username: _____
Password: _____
Notes: _____
_____
_____
_____

Website: _____
Username: _____
Password: _____
Notes: _____
_____
_____
_____

Website: _____
Username: _____
Password: _____
Notes: _____
_____
_____
_____

Website: _____
Username: _____
Password: _____
Notes: _____
_____
_____
_____

Website: _____
Username: _____
Password: _____
Notes: _____
_____
_____
_____

Website: _____
Username: _____
Password: _____
Notes: _____
_____
_____
_____

Website: _____
Username: _____
Password: _____
Notes: _____
_____
_____
_____

Website: _____
Username: _____
Password: _____
Notes: _____
_____
_____
_____

Website: _____
Username: _____
Password: _____
Notes: _____
_____
_____
_____

Website: _____
Username: _____
Password: _____
Notes: _____
_____
_____

Website: _____
Username: _____
Password: _____
Notes: _____
_____
_____

Website: _____
Username: _____
Password: _____
Notes: _____
_____
_____

Website: _____
Username: _____
Password: _____
Notes: _____
_____
_____

Website: _____
Username: _____
Password: _____
Notes: _____
_____
_____
_____

Website: _____
Username: _____
Password: _____
Notes: _____
_____
_____
_____

Website: _____
Username: _____
Password: _____
Notes: _____
_____
_____
_____

Website: _____
Username: _____
Password: _____
Notes: _____
_____
_____
_____

Website: _____
Username: _____
Password: _____
Notes: _____
_____
_____
_____

Website: _____
Username: _____
Password: _____
Notes: _____
_____
_____
_____

Website: _____
Username: _____
Password: _____
Notes: _____
_____
_____
_____

Website: _____
Username: _____
Password: _____
Notes: _____
_____
_____
_____

Website: _____
Username: _____
Password: _____
Notes: _____
_____
_____
_____

Website: _____
Username: _____
Password: _____
Notes: _____
_____
_____
_____

Website: _____
Username: _____
Password: _____
Notes: _____
_____
_____
_____

Website: _____
Username: _____
Password: _____
Notes: _____
_____
_____
_____

Website: _____
Username: _____
Password: _____
Notes: _____
_____
_____
_____

Website: _____
Username: _____
Password: _____
Notes: _____
_____
_____
_____

Website: _____
Username: _____
Password: _____
Notes: _____
_____
_____
_____

Website: _____
Username: _____
Password: _____
Notes: _____
_____
_____
_____

Website: _____
Username: _____
Password: _____
Notes: _____
_____
_____

Website: _____
Username: _____
Password: _____
Notes: _____
_____
_____

Website: _____
Username: _____
Password: _____
Notes: _____
_____
_____

Website: _____
Username: _____
Password: _____
Notes: _____
_____
_____

Website: _____
Username: _____
Password: _____
Notes: _____
_____
_____

Website: _____
Username: _____
Password: _____
Notes: _____
_____
_____

Website: _____
Username: _____
Password: _____
Notes: _____
_____
_____

Website: _____
Username: _____
Password: _____
Notes: _____
_____
_____

Website: _____
Username: _____
Password: _____
Notes: _____
_____
_____
_____

Website: _____
Username: _____
Password: _____
Notes: _____
_____
_____
_____

Website: _____
Username: _____
Password: _____
Notes: _____
_____
_____
_____

Website: _____
Username: _____
Password: _____
Notes: _____
_____
_____
_____

Website: _____

Username: _____

Password: _____

Notes: _____

_____

_____

_____

Website: _____

Username: _____

Password: _____

Notes: _____

_____

_____

_____

Website: _____

Username: _____

Password: _____

Notes: _____

_____

_____

_____

Website: _____

Username: _____

Password: _____

Notes: _____

_____

_____

_____

Website: _____
Username: _____
Password: _____
Notes: _____
_____
_____
_____

Website: _____
Username: _____
Password: _____
Notes: _____
_____
_____
_____

Website: _____
Username: _____
Password: _____
Notes: _____
_____
_____
_____

Website: _____
Username: _____
Password: _____
Notes: _____
_____
_____
_____

Website: _____
Username: _____
Password: _____
Notes: _____
_____
_____
_____

Website: _____
Username: _____
Password: _____
Notes: _____
_____
_____
_____

Website: _____
Username: _____
Password: _____
Notes: _____
_____
_____
_____

Website: _____
Username: _____
Password: _____
Notes: _____
_____
_____
_____

Website: _____
Username: _____
Password: _____
Notes: _____
_____
_____
_____

Website: _____
Username: _____
Password: _____
Notes: _____
_____
_____
_____

Website: _____
Username: _____
Password: _____
Notes: _____
_____
_____
_____

Website: _____
Username: _____
Password: _____
Notes: _____
_____
_____
_____

Website: _____
Username: _____
Password: _____
Notes: _____
_____
_____

Website: _____
Username: _____
Password: _____
Notes: _____
_____
_____

Website: _____
Username: _____
Password: _____
Notes: _____
_____
_____

Website: _____
Username: _____
Password: _____
Notes: _____
_____
_____

Website: _____
Username: _____
Password: _____
Notes: _____
_____
_____
_____

Website: _____
Username: _____
Password: _____
Notes: _____
_____
_____
_____

Website: _____
Username: _____
Password: _____
Notes: _____
_____
_____
_____

Website: _____
Username: _____
Password: _____
Notes: _____
_____
_____
_____

Website: _____
Username: _____
Password: _____
Notes: _____
_____
_____
_____

Website: _____
Username: _____
Password: _____
Notes: _____
_____
_____
_____

Website: _____
Username: _____
Password: _____
Notes: _____
_____
_____
_____

Website: _____
Username: _____
Password: _____
Notes: _____
_____
_____
_____

Website: _____
Username: _____
Password: _____
Notes: _____
_____
_____
_____

Website: _____
Username: _____
Password: _____
Notes: _____
_____
_____
_____

Website: _____
Username: _____
Password: _____
Notes: _____
_____
_____
_____

Website: _____
Username: _____
Password: _____
Notes: _____
_____
_____
_____

Website: _____
Username: _____
Password: _____
Notes: _____
_____
_____
_____

Website: _____
Username: _____
Password: _____
Notes: _____
_____
_____
_____

Website: _____
Username: _____
Password: _____
Notes: _____
_____
_____
_____

Website: _____
Username: _____
Password: _____
Notes: _____
_____
_____
_____

Website: _____
Username: _____
Password: _____
Notes: _____
_____
_____
_____

Website: _____
Username: _____
Password: _____
Notes: _____
_____
_____
_____

Website: _____
Username: _____
Password: _____
Notes: _____
_____
_____
_____

Website: _____
Username: _____
Password: _____
Notes: _____
_____
_____
_____

Website: _____
Username: _____
Password: _____
Notes: _____
_____
_____
_____

Website: _____
Username: _____
Password: _____
Notes: _____
_____
_____
_____

Website: _____
Username: _____
Password: _____
Notes: _____
_____
_____
_____

Website: _____
Username: _____
Password: _____
Notes: _____
_____
_____
_____

Website: _____
Username: _____
Password: _____
Notes: _____
_____
_____
_____

Website: _____
Username: _____
Password: _____
Notes: _____
_____
_____
_____

Website: _____
Username: _____
Password: _____
Notes: _____
_____
_____
_____

Website: _____
Username: _____
Password: _____
Notes: _____
_____
_____
_____

Website: _____
Username: _____
Password: _____
Notes: _____
_____
_____
_____

Website: _____
Username: _____
Password: _____
Notes: _____
_____
_____
_____

Website: _____
Username: _____
Password: _____
Notes: _____
_____
_____
_____

Website: _____
Username: _____
Password: _____
Notes: _____
_____
_____
_____

Website: _____
Username: _____
Password: _____
Notes: _____
_____
_____
_____

Website: _____
Username: _____
Password: _____
Notes: _____
_____
_____
_____

Website: _____
Username: _____
Password: _____
Notes: _____
_____
_____
_____

Website: _____
Username: _____
Password: _____
Notes: _____
_____
_____
_____

Website: _____
Username: _____
Password: _____
Notes: _____
_____
_____
_____

Website: _____
Username: _____
Password: _____
Notes: _____
_____
_____
_____

Website: _____
Username: _____
Password: _____
Notes: _____
_____
_____
_____

Website: _____
Username: _____
Password: _____
Notes: _____
_____
_____
_____

Website: _____

Username: _____

Password: _____

Notes: _____

_____

_____

_____

Website: _____

Username: _____

Password: _____

Notes: _____

_____

_____

_____

Website: _____

Username: _____

Password: _____

Notes: _____

_____

_____

_____

Website: _____

Username: _____

Password: _____

Notes: _____

_____

_____

_____

Website: _____
Username: _____
Password: _____
Notes: _____
_____
_____
_____

Website: _____
Username: _____
Password: _____
Notes: _____
_____
_____
_____

Website: _____
Username: _____
Password: _____
Notes: _____
_____
_____
_____

Website: _____
Username: _____
Password: _____
Notes: _____
_____
_____
_____

Website: _____
Username: _____
Password: _____
Notes: _____
_____
_____
_____

Website: _____
Username: _____
Password: _____
Notes: _____
_____
_____
_____

Website: _____
Username: _____
Password: _____
Notes: _____
_____
_____
_____

Website: _____
Username: _____
Password: _____
Notes: _____
_____
_____
_____

Website: _____
Username: _____
Password: _____
Notes: _____
_____
_____
_____

Website: _____
Username: _____
Password: _____
Notes: _____
_____
_____
_____

Website: _____
Username: _____
Password: _____
Notes: _____
_____
_____
_____

Website: _____
Username: _____
Password: _____
Notes: _____
_____
_____
_____

Website: _____
Username: _____
Password: _____
Notes: _____
_____
_____

Website: _____
Username: _____
Password: _____
Notes: _____
_____
_____
_____

Website: _____
Username: _____
Password: _____
Notes: _____
_____
_____

Website: _____
Username: _____
Password: _____
Notes: _____
_____
_____

Website: _____
Username: _____
Password: _____
Notes: _____
_____
_____
_____

Website: _____
Username: _____
Password: _____
Notes: _____
_____
_____
_____

Website: _____
Username: _____
Password: _____
Notes: _____
_____
_____
_____

Website: _____
Username: _____
Password: _____
Notes: _____
_____
_____
_____

Website: _____
Username: _____
Password: _____
Notes: _____
_____
_____
_____

Website: _____
Username: _____
Password: _____
Notes: _____
_____
_____
_____

Website: _____
Username: _____
Password: _____
Notes: _____
_____
_____
_____

Website: _____
Username: _____
Password: _____
Notes: _____
_____
_____
_____

Website: _____
Username: _____
Password: _____
Notes: _____
_____
_____
_____

Website: _____
Username: _____
Password: _____
Notes: _____
_____
_____
_____

Website: _____
Username: _____
Password: _____
Notes: _____
_____
_____
_____

Website: _____
Username: _____
Password: _____
Notes: _____
_____
_____

Website: _____
Username: _____
Password: _____
Notes: _____
_____
_____
_____

Website: _____
Username: _____
Password: _____
Notes: _____
_____
_____
_____

Website: _____
Username: _____
Password: _____
Notes: _____
_____
_____
_____

Website: _____
Username: _____
Password: _____
Notes: _____
_____
_____
_____

Website: _____
Username: _____
Password: _____
Notes: _____
_____
_____
_____

Website: _____
Username: _____
Password: _____
Notes: _____
_____
_____
_____

Website: _____
Username: _____
Password: _____
Notes: _____
_____
_____
_____

Website: _____
Username: _____
Password: _____
Notes: _____
_____
_____
_____

Website: _____
Username: _____
Password: _____
Notes: _____
_____
_____
_____

Website: _____
Username: _____
Password: _____
Notes: _____
_____
_____
_____

Website: _____
Username: _____
Password: _____
Notes: _____
_____
_____
_____

Website: _____
Username: _____
Password: _____
Notes: _____
_____
_____
_____

Website: _____
Username: _____
Password: _____
Notes: _____
_____
_____
_____

Website: _____
Username: _____
Password: _____
Notes: _____
_____
_____
_____

Website: _____
Username: _____
Password: _____
Notes: _____
_____
_____
_____

Website: _____
Username: _____
Password: _____
Notes: _____
_____
_____
_____

Website: _____
Username: _____
Password: _____
Notes: _____
_____
_____
_____

Website: _____
Username: _____
Password: _____
Notes: _____
_____
_____
_____

Website: _____
Username: _____
Password: _____
Notes: _____
_____
_____
_____

Website: _____
Username: _____
Password: _____
Notes: _____
_____
_____
_____

Website: _____
Username: _____
Password: _____
Notes: _____

_____
_____
_____

Website: _____
Username: _____
Password: _____
Notes: _____

_____
_____
_____

Website: _____
Username: _____
Password: _____
Notes: _____

_____
_____
_____

Website: _____
Username: _____
Password: _____
Notes: _____

_____
_____
_____

Website: _____
Username: _____
Password: _____
Notes: _____
_____
_____
_____

Website: _____
Username: _____
Password: _____
Notes: _____
_____
_____
_____

Website: _____
Username: _____
Password: _____
Notes: _____
_____
_____
_____

Website: _____
Username: _____
Password: _____
Notes: _____
_____
_____
_____

Website: _____

Username: _____

Password: _____

Notes: _____

_____

_____

_____

Website: _____

Username: _____

Password: _____

Notes: _____

_____

_____

_____

Website: _____

Username: _____

Password: _____

Notes: _____

_____

_____

_____

Website: _____

Username: _____

Password: _____

Notes: _____

_____

_____

_____

Website: _____
Username: _____
Password: _____
Notes: _____
_____
_____
_____

Website: _____
Username: _____
Password: _____
Notes: _____
_____
_____
_____

Website: _____
Username: _____
Password: _____
Notes: _____
_____
_____
_____

Website: _____
Username: _____
Password: _____
Notes: _____
_____
_____
_____

Website: _____
Username: _____
Password: _____
Notes: _____
_____
_____
_____

Website: _____
Username: _____
Password: _____
Notes: _____
_____
_____
_____

Website: _____
Username: _____
Password: _____
Notes: _____
_____
_____
_____

Website: _____
Username: _____
Password: _____
Notes: _____
_____
_____
_____

Website: _____
Username: _____
Password: _____
Notes: _____
_____
_____
_____

Website: _____
Username: _____
Password: _____
Notes: _____
_____
_____
_____

Website: _____
Username: _____
Password: _____
Notes: _____
_____
_____
_____

Website: _____
Username: _____
Password: _____
Notes: _____
_____
_____
_____

Website: _____
Username: _____
Password: _____
Notes: _____
_____
_____
_____

Website: _____
Username: _____
Password: _____
Notes: _____
_____
_____
_____

Website: _____
Username: _____
Password: _____
Notes: _____
_____
_____
_____

Website: _____
Username: _____
Password: _____
Notes: _____
_____
_____

Website: _____
Username: _____
Password: _____
Notes: _____
_____
_____
_____

Website: _____
Username: _____
Password: _____
Notes: _____
_____
_____
_____

Website: _____
Username: _____
Password: _____
Notes: _____
_____
_____
_____

Website: _____
Username: _____
Password: _____
Notes: _____
_____
_____
_____

Website: _____
Username: _____
Password: _____
Notes: _____
_____
_____
_____

Website: _____
Username: _____
Password: _____
Notes: _____
_____
_____
_____

Website: _____
Username: _____
Password: _____
Notes: _____
_____
_____
_____

Website: _____
Username: _____
Password: _____
Notes: _____
_____
_____
_____

Website: _____
Username: _____
Password: _____
Notes: _____
_____
_____
_____

Website: _____
Username: _____
Password: _____
Notes: _____
_____
_____
_____

Website: _____
Username: _____
Password: _____
Notes: _____
_____
_____
_____

Website: _____
Username: _____
Password: _____
Notes: _____
_____
_____
_____

Website: _____
Username: _____
Password: _____
Notes: _____
_____
_____
_____

Website: _____
Username: _____
Password: _____
Notes: _____
_____
_____
_____

Website: _____
Username: _____
Password: _____
Notes: _____
_____
_____
_____

Website: _____
Username: _____
Password: _____
Notes: _____
_____
_____
_____

Website: _____
Username: _____
Password: _____
Notes: _____
_____
_____
_____

Website: _____
Username: _____
Password: _____
Notes: _____
_____
_____
_____

Website: _____
Username: _____
Password: _____
Notes: _____
_____
_____
_____

Website: _____
Username: _____
Password: _____
Notes: _____
_____
_____
_____

Website: _____

Username: _____

Password: _____

Notes: _____

_____

_____

_____

Website: _____

Username: _____

Password: _____

Notes: _____

_____

_____

_____

Website: _____

Username: _____

Password: _____

Notes: _____

_____

_____

_____

Website: _____

Username: _____

Password: _____

Notes: _____

_____

_____

_____

Website: _____
Username: _____
Password: _____
Notes: _____
_____
_____
_____

Website: _____
Username: _____
Password: _____
Notes: _____
_____
_____
_____

Website: _____
Username: _____
Password: _____
Notes: _____
_____
_____
_____

Website: _____
Username: _____
Password: _____
Notes: _____
_____
_____
_____

Website: _____
Username: _____
Password: _____
Notes: _____
_____
_____
_____

Website: _____
Username: _____
Password: _____
Notes: _____
_____
_____
_____

Website: _____
Username: _____
Password: _____
Notes: _____
_____
_____
_____

Website: _____
Username: _____
Password: _____
Notes: _____
_____
_____
_____

Website: _____
Username: _____
Password: _____
Notes: _____
_____
_____
_____

Website: _____
Username: _____
Password: _____
Notes: _____
_____
_____
_____

Website: _____
Username: _____
Password: _____
Notes: _____
_____
_____
_____

Website: _____
Username: _____
Password: _____
Notes: _____
_____
_____
_____

Website: _____
Username: _____
Password: _____
Notes: _____
_____
_____
_____

Website: _____
Username: _____
Password: _____
Notes: _____
_____
_____
_____

Website: _____
Username: _____
Password: _____
Notes: _____
_____
_____
_____

Website: _____
Username: _____
Password: _____
Notes: _____
_____
_____

Website: _____
Username: _____
Password: _____
Notes: _____
_____
_____
_____

Website: _____
Username: _____
Password: _____
Notes: _____
_____
_____
_____

Website: _____
Username: _____
Password: _____
Notes: _____
_____
_____
_____

Website: _____
Username: _____
Password: _____
Notes: _____
_____
_____
_____

Website: _____
Username: _____
Password: _____
Notes: _____
_____
_____
_____

Website: _____
Username: _____
Password: _____
Notes: _____
_____
_____
_____

Website: _____
Username: _____
Password: _____
Notes: _____
_____
_____
_____

Website: _____
Username: _____
Password: _____
Notes: _____
_____
_____

Website: _____

Username: _____

Password: _____

Notes: _____

_____

_____

_____

Website: _____

Username: _____

Password: _____

Notes: _____

_____

_____

_____

Website: _____

Username: _____

Password: _____

Notes: _____

_____

_____

_____

Website: _____

Username: _____

Password: _____

Notes: _____

_____

_____

_____

Website: _____
Username: _____
Password: _____
Notes: _____
_____
_____
_____

Website: _____
Username: _____
Password: _____
Notes: _____
_____
_____
_____

Website: _____
Username: _____
Password: _____
Notes: _____
_____
_____
_____

Website: _____
Username: _____
Password: _____
Notes: _____
_____
_____
_____

Website: _____

Username: _____

Password: _____

Notes: _____

_____

_____

_____

Website: _____

Username: _____

Password: _____

Notes: _____

_____

_____

_____

Website: _____

Username: _____

Password: _____

Notes: _____

_____

_____

_____

Website: _____

Username: _____

Password: _____

Notes: _____

_____

_____

_____

Website: _____

Username: _____

Password: _____

Notes: _____

_____

_____

Website: _____

Username: _____

Password: _____

Notes: _____

_____

_____

Website: _____

Username: _____

Password: _____

Notes: _____

_____

_____

Website: _____

Username: _____

Password: _____

Notes: _____

_____

_____

Website: _____
Username: _____
Password: _____
Notes: _____
_____
_____
_____

Website: _____
Username: _____
Password: _____
Notes: _____
_____
_____
_____

Website: _____
Username: _____
Password: _____
Notes: _____
_____
_____
_____

Website: _____
Username: _____
Password: _____
Notes: _____
_____
_____
_____

Website: _____
Username: _____
Password: _____
Notes: _____
_____
_____

Website: _____
Username: _____
Password: _____
Notes: _____
_____
_____

Website: _____
Username: _____
Password: _____
Notes: _____
_____
_____

Website: _____
Username: _____
Password: _____
Notes: _____
_____
_____

Website: _____
Username: _____
Password: _____
Notes: _____
_____
_____
_____

Website: _____
Username: _____
Password: _____
Notes: _____
_____
_____
_____

Website: _____
Username: _____
Password: _____
Notes: _____
_____
_____
_____

Website: _____
Username: _____
Password: _____
Notes: _____
_____
_____
_____

Website: _____

Username: _____

Password: _____

Notes: _____

_____

_____

_____

Website: _____

Username: _____

Password: _____

Notes: _____

_____

_____

_____

Website: _____

Username: _____

Password: _____

Notes: _____

_____

_____

_____

Website: _____

Username: _____

Password: _____

Notes: _____

_____

_____

_____

Website: _____
Username: _____
Password: _____
Notes: _____
_____
_____
_____

Website: _____
Username: _____
Password: _____
Notes: _____
_____
_____
_____

Website: _____
Username: _____
Password: _____
Notes: _____
_____
_____
_____

Website: _____
Username: _____
Password: _____
Notes: _____
_____
_____
_____

Website: _____
Username: _____
Password: _____
Notes: _____
_____
_____
_____

Website: _____
Username: _____
Password: _____
Notes: _____
_____
_____
_____

Website: _____
Username: _____
Password: _____
Notes: _____
_____
_____
_____

Website: _____
Username: _____
Password: _____
Notes: _____
_____
_____
_____

Website: _____

Username: _____

Password: _____

Notes: _____

_____

_____

_____

Website: _____

Username: _____

Password: _____

Notes: _____

_____

_____

_____

Website: _____

Username: _____

Password: _____

Notes: _____

_____

_____

_____

Website: _____

Username: _____

Password: _____

Notes: _____

_____

_____

_____

Website: _____

Username: _____

Password: _____

Notes: _____

_____

_____

_____

Website: _____

Username: _____

Password: _____

Notes: _____

_____

_____

_____

Website: _____

Username: _____

Password: _____

Notes: _____

_____

_____

_____

Website: _____

Username: _____

Password: _____

Notes: _____

_____

_____

_____

Website: _____
Username: _____
Password: _____
Notes: _____
_____
_____
_____

Website: _____
Username: _____
Password: _____
Notes: _____
_____
_____
_____

Website: _____
Username: _____
Password: _____
Notes: _____
_____
_____
_____

Website: _____
Username: _____
Password: _____
Notes: _____
_____
_____
_____

Website: _____

Username: _____

Password: _____

Notes: _____

_____

_____

_____

Website: _____

Username: _____

Password: _____

Notes: _____

_____

_____

_____

Website: _____

Username: _____

Password: _____

Notes: _____

_____

_____

_____

Website: _____

Username: _____

Password: _____

Notes: _____

_____

_____

_____

Website: _____
Username: _____
Password: _____
Notes: _____
_____
_____
_____

Website: _____
Username: _____
Password: _____
Notes: _____
_____
_____
_____

Website: _____
Username: _____
Password: _____
Notes: _____
_____
_____
_____

Website: _____
Username: _____
Password: _____
Notes: _____
_____
_____
_____

Website: _____
Username: _____
Password: _____
Notes: _____
_____
_____
_____

Website: _____
Username: _____
Password: _____
Notes: _____
_____
_____
_____

Website: _____
Username: _____
Password: _____
Notes: _____
_____
_____
_____

Website: _____
Username: _____
Password: _____
Notes: _____
_____
_____
_____

Website: _____
Username: _____
Password: _____
Notes: _____
_____
_____
_____

Website: _____
Username: _____
Password: _____
Notes: _____
_____
_____
_____

Website: _____
Username: _____
Password: _____
Notes: _____
_____
_____
_____

Website: _____
Username: _____
Password: _____
Notes: _____
_____
_____
_____

Website: _____

Username: _____

Password: _____

Notes: _____

_____

_____

_____

Website: _____

Username: _____

Password: _____

Notes: _____

_____

_____

_____

Website: _____

Username: _____

Password: _____

Notes: _____

_____

_____

_____

Website: _____

Username: _____

Password: _____

Notes: _____

_____

_____

_____

Website: _____
Username: _____
Password: _____
Notes: _____
_____
_____
_____

Website: _____
Username: _____
Password: _____
Notes: _____
_____
_____
_____

Website: _____
Username: _____
Password: _____
Notes: _____
_____
_____
_____

Website: _____
Username: _____
Password: _____
Notes: _____
_____
_____
_____

Website: _____

Username: _____

Password: _____

Notes: _____

_____

_____

_____

Website: _____

Username: _____

Password: _____

Notes: _____

_____

_____

_____

Website: _____

Username: _____

Password: _____

Notes: _____

_____

_____

_____

Website: _____

Username: _____

Password: _____

Notes: _____

_____

_____

_____

Website: _____
Username: _____
Password: _____
Notes: _____
_____
_____

Website: _____
Username: _____
Password: _____
Notes: _____
_____
_____

Website: _____
Username: _____
Password: _____
Notes: _____
_____
_____

Website: _____
Username: _____
Password: _____
Notes: _____
_____
_____

Website: _____
Username: _____
Password: _____
Notes: _____
_____
_____
_____

Website: _____
Username: _____
Password: _____
Notes: _____
_____
_____
_____

Website: _____
Username: _____
Password: _____
Notes: _____
_____
_____
_____

Website: _____
Username: _____
Password: _____
Notes: _____
_____
_____
_____

Website: _____
Username: _____
Password: _____
Notes: _____
_____
_____
_____

Website: _____
Username: _____
Password: _____
Notes: _____
_____
_____
_____

Website: _____
Username: _____
Password: _____
Notes: _____
_____
_____
_____

Website: _____
Username: _____
Password: _____
Notes: _____
_____
_____
_____

Website: _____
Username: _____
Password: _____
Notes: _____
_____
_____
_____

Website: _____
Username: _____
Password: _____
Notes: _____
_____
_____
_____

Website: _____
Username: _____
Password: _____
Notes: _____
_____
_____
_____

Website: _____
Username: _____
Password: _____
Notes: _____
_____
_____
_____

Website: _____
Username: _____
Password: _____
Notes: _____
_____
_____
_____

Website: _____
Username: _____
Password: _____
Notes: _____
_____
_____
_____

Website: _____
Username: _____
Password: _____
Notes: _____
_____
_____
_____

Website: _____
Username: _____
Password: _____
Notes: _____
_____
_____
_____

Website: _____
Username: _____
Password: _____
Notes: _____
_____
_____
_____

Website: _____
Username: _____
Password: _____
Notes: _____
_____
_____
_____

Website: _____
Username: _____
Password: _____
Notes: _____
_____
_____
_____

Website: _____
Username: _____
Password: _____
Notes: _____
_____
_____
_____

Website: _____

Username: _____

Password: _____

Notes: _____

_____

_____

_____

Website: _____

Username: _____

Password: _____

Notes: _____

_____

_____

_____

Website: _____

Username: _____

Password: _____

Notes: _____

_____

_____

_____

Website: _____

Username: _____

Password: _____

Notes: _____

_____

_____

_____

Website: _____
Username: _____
Password: _____
Notes: _____
_____
_____
_____

Website: _____
Username: _____
Password: _____
Notes: _____
_____
_____
_____

Website: _____
Username: _____
Password: _____
Notes: _____
_____
_____
_____

Website: _____
Username: _____
Password: _____
Notes: _____
_____
_____
_____

Website: _____
Username: _____
Password: _____
Notes: _____
_____
_____
_____

Website: _____
Username: _____
Password: _____
Notes: _____
_____
_____
_____

Website: _____
Username: _____
Password: _____
Notes: _____
_____
_____
_____

Website: _____
Username: _____
Password: _____
Notes: _____
_____
_____
_____

Website: _____
Username: _____
Password: _____
Notes: _____
_____
_____
_____

Website: _____
Username: _____
Password: _____
Notes: _____
_____
_____
_____

Website: _____
Username: _____
Password: _____
Notes: _____
_____
_____
_____

Website: _____
Username: _____
Password: _____
Notes: _____
_____
_____

Website: _____
Username: _____
Password: _____
Notes: _____
_____
_____
_____

Website: _____
Username: _____
Password: _____
Notes: _____
_____
_____
_____

Website: _____
Username: _____
Password: _____
Notes: _____
_____
_____
_____

Website: _____
Username: _____
Password: _____
Notes: _____
_____
_____
_____

Website: _____
Username: _____
Password: _____
Notes: _____
_____
_____
_____

Website: _____
Username: _____
Password: _____
Notes: _____
_____
_____
_____

Website: _____
Username: _____
Password: _____
Notes: _____
_____
_____
_____

Website: _____
Username: _____
Password: _____
Notes: _____
_____
_____
_____

Website: _____
Username: _____
Password: _____
Notes: _____
_____
_____
_____

Website: _____
Username: _____
Password: _____
Notes: _____
_____
_____
_____

Website: _____
Username: _____
Password: _____
Notes: _____
_____
_____
_____

Website: _____
Username: _____
Password: _____
Notes: _____
_____
_____
_____

Website: _____
Username: _____
Password: _____
Notes: _____
_____
_____
_____

Website: _____
Username: _____
Password: _____
Notes: _____
_____
_____
_____

Website: _____
Username: _____
Password: _____
Notes: _____
_____
_____
_____

Website: _____
Username: _____
Password: _____
Notes: _____
_____
_____
_____

Website: _____
Username: _____
Password: _____
Notes: _____
_____
_____
_____

Website: _____
Username: _____
Password: _____
Notes: _____
_____
_____
_____

Website: _____
Username: _____
Password: _____
Notes: _____
_____
_____
_____

Website: _____
Username: _____
Password: _____
Notes: _____
_____
_____
_____

Website: _____
Username: _____
Password: _____
Notes: _____
_____
_____
_____

Website: _____
Username: _____
Password: _____
Notes: _____
_____
_____
_____

Website: _____
Username: _____
Password: _____
Notes: _____
_____
_____
_____

Website: _____
Username: _____
Password: _____
Notes: _____
_____
_____

Website: _____

Username: _____

Password: _____

Notes: _____

_____

_____

Website: _____

Username: _____

Password: _____

Notes: _____

_____

_____

Website: _____

Username: _____

Password: _____

Notes: _____

_____

_____

Website: _____

Username: _____

Password: _____

Notes: _____

_____

_____

Website: _____
Username: _____
Password: _____
Notes: _____
_____
_____
_____

Website: _____
Username: _____
Password: _____
Notes: _____
_____
_____
_____

Website: _____
Username: _____
Password: _____
Notes: _____
_____
_____
_____

Website: _____
Username: _____
Password: _____
Notes: _____
_____
_____
_____

Website: _____
Username: _____
Password: _____
Notes: _____
_____
_____
_____

Website: _____
Username: _____
Password: _____
Notes: _____
_____
_____
_____

Website: _____
Username: _____
Password: _____
Notes: _____
_____
_____
_____

Website: _____
Username: _____
Password: _____
Notes: _____
_____
_____
_____

Website: _____
Username: _____
Password: _____
Notes: _____
_____
_____
_____

Website: _____
Username: _____
Password: _____
Notes: _____
_____
_____
_____

Website: _____
Username: _____
Password: _____
Notes: _____
_____
_____
_____

Website: _____
Username: _____
Password: _____
Notes: _____
_____
_____
_____

Website: _____
Username: _____
Password: _____
Notes: _____
_____
_____
_____

Website: _____
Username: _____
Password: _____
Notes: _____
_____
_____
_____

Website: _____
Username: _____
Password: _____
Notes: _____
_____
_____
_____

Website: _____
Username: _____
Password: _____
Notes: _____
_____
_____
_____

Website: _____

Username: _____

Password: _____

Notes: _____

_____

_____

_____

Website: _____

Username: _____

Password: _____

Notes: _____

_____

_____

_____

Website: _____

Username: _____

Password: _____

Notes: _____

_____

_____

_____

Website: _____

Username: _____

Password: _____

Notes: _____

_____

_____

_____

Website: _____
Username: _____
Password: _____
Notes: _____
_____
_____
_____

Website: _____
Username: _____
Password: _____
Notes: _____
_____
_____
_____

Website: _____
Username: _____
Password: _____
Notes: _____
_____
_____
_____

Website: _____
Username: _____
Password: _____
Notes: _____
_____
_____
_____